Achim Bröger
Mein 24. Dezember

# Flocki

Achim Bröger

---

# Mein
# 24. Dezember

---

## Eine seltsame Geschichte

Mit farbigen Bildern
von Gisela Kalow

*Achim Bröger,*
geboren 1944, verheiratet, 3 Kinder.
Als freiberuflicher Schriftsteller schreibt er
Kinder- und Jugendbücher; viele davon
sind mit bedeutenden Preisen ausgezeichnet
und in mehrere Sprachen übersetzt worden.

*Weitere lieferbare Bücher bei Arena:*
Flockis erste Reise
Geschwister... nein danke!?
Pizza und Oskar
Pizza und Oskar suchen Abenteuer
Pizza und Oskar gehen zur Schule
Der Ausredenerfinder
In Wirklichkeit ist alles ganz anders
Steckst du dahinter, Kasimir?
Ich mag dich
Mein 24. Dezember
(Im kleinen Format mit Schwarzweiß-Illustrationen)

Die Deutsche Bibliothek – CIP-Einheitsaufnahme

*Bröger, Achim:*
Mein 24. Dezember: eine seltsame Geschichte / Achim Bröger.
- 1. Aufl. - Würzburg: Arena, 1992
(Leicht zu lesen: Kunterbunt)
ISBN 3-401-04435-4

1. Auflage 1992
© dieser Ausgabe 1992 by Arena Verlag GmbH, Würzburg
Alle Rechte vorbehalten
Einband und Illustrationen: Gisela Kalow
Reihengestaltung: Karl Müller-Bussdorf
Gesamtherstellung: Chemnitzer Verlag und Druck GmbH, Werk Zwickau
ISBN 3-401-04435-4

# Inhalt

# Ein seltsamer Tag

Meine Familie dreht durch, wirklich. Ich liege harmlos auf dem Teppich im Wohnzimmer. Alle viere weit von mir gestreckt. Sonst bückt sich immer mal einer und streichelt mich. Aber heute stolpern sie nur über mich. Außerdem reißen sie ständig die Tür auf, rennen rein und raus wie wild, rufen: »Weg da! Aus dem Weg, Flocki!«

Flocki, das bin ich. Leider. Ob sie krank sind? Ich mach' mir Sorgen um sie.

Sie kommen mir so völlig anders vor als sonst.

Da poltert schon wieder jemand über den Flur und stößt die Wohnzimmertür auf. Ach, der Große ist es. Papa nennen sie ihn. Papa, Mensch, fall nicht über mich!

Schon passiert. Knurr' ich ihn an? Ne, lieber nicht. Sonst knurrt er zurück. Das kann er gut und ziemlich laut.

Was schleppt er denn ins Wohnzimmer, der Papa? Einen Baum. Was will er hier mit dem Nadelding? Soll das zum Verheizen sein? Nein, das glaube ich nicht. Meine Familie heizt immer mit Öl, soviel ich weiß.

Da fällt es mir ein. Er hat den Baum bestimmt für mich geholt, damit ich bei der Kälte nicht mehr raus muß, um mein Bein am nächsten Straßenbaum zu heben. Ist der lieb, der Große! So ein schöner Baum und ganz für mich alleine. Vor Dankbarkeit springe ich auf und renne zum Baum. Den will ich sofort mal ausprobieren. Leider keift der Papa: »Laß das! Der ist nicht für dich!«

Ach so . . . jetzt bin ich aber beleidigt. Schwanz eingekniffen und unter das Sofa gekrochen. Ich möchte

wirklich wissen, was er mit dem grünen Ding anfangen will.

Das erfahre ich nicht, denn der Papa rennt gerade ganz eifrig raus. Hat der es schon wieder eilig. Mich und den Baum läßt er alleine im Wohnzimmer zurück.

Hm . . . ob ich ihn doch mal ausprobiere und mein Bein hebe? Ach ne, ich traue mich nicht. Aber genau beschnüffeln werde ich den Baum. Ich krieche unter dem Sofa vor und will zu ihm.

Was liegt denn da auf dem Teppich im Weg? So eine Unordnung!

Das Ding habe ich bisher noch nie gesehen. Klein und grün ist es. Und es hat so etwas Ähnliches wie Füße. Vier Stück. Oben ist es offen. In die Öffnung steckt man wahrscheinlich was. Ich probier's mal mit meiner Nase.

Hm, es riecht . . . irgendwie nach altem Baum. Ob es laufen kann, das grüne Ding mit Füßen? Ich stupse es an und knurre kurz.

Kühl ist es. Das spüre ich an der Schnauze. Und es läuft überhaupt nicht. Keinen Zentimeter. Ich glaube, es ist aus Metall!

Na, wenn es nicht laufen mag, trage ich's. Ich nehme es zwischen die Zähne.

Oh . . . ist das schwer. Jetzt zerre ich es über den Teppich und unter das Sofa. Ehrlich, es schmeckt gar nicht.

Der Papa wird bestimmt froh sein, daß das geschmacklose Ding nicht mehr im Weg liegt. Er könnte leicht darüber stolpern.

Gleich wird er mich loben, der Papa. Schließlich habe ich aufgeräumt. Schon höre ich seine Schritte. Er klingt sehr sportlich.

Ich lege mich auf meine alte Teppichstelle, denn er soll mich nicht übersehen. Im nächsten Moment rennt der sportliche Papa ins Wohnzimmer. He! Nicht so eilig! Und zack . . . stolpert er wieder über mich. So eine Bescherung.

Ich jaule sehr laut, damit er mich zum Trost streichelt. Und loben soll er mich ja auch, weil ich aufgeräumt habe.

So . . . der Jauler war laut genug. Na los, bück dich, Großer! Streichle mich! Aber nein, er denkt nicht daran. Er knurrt nur wieder. »Lieg nicht im Weg! Verschwinde!« Ein unfreundlicher Kerl.

Ich flüchte unter das Sofa zu dem geschmacklosen grünen Metallding mit den vier Füßen.

Was hat der Papa denn jetzt wieder? Aufgeregt guckt er hin und her. In jeder Ecke stöbert er, nur unter dem Sofa nicht. Dazu murmelt er: »Eben war er doch noch hier.« Dann öffnet er die Wohnzimmertür und ruft zur Mama in die Küche: »Hast du den Ständer für den Baum weggenommen?«

Einen Ständer für den Baum sucht er? Oh . . . der Baum kann nicht mehr alleine stehen. Armer Kerl. Ob sie ihn deswegen reingeholt haben? Ich weiß nicht. Und ich weiß auch überhaupt nicht, wo der Ständer für den Baum sein könnte. So ein Ding kenne ich nicht.

Die Mama ruft, daß sie auch nicht weiß, wo er steckt. Helf' ich dem Papa beim Suchen? Na ja, gut, ich tu's, obwohl er heute wirklich gar nicht nett zu mir ist.

Hilfsbereit springe ich unter dem Sofa vor. Aber der Papa ruft nur: »Flocki fehlt mir gerade noch. Verschwinde! Los!«

Eben habe ich ihm noch gefehlt, jetzt zeigt er zum Badezimmer. Dorthin soll ich immer, wenn ich im

13

Weg bin. Ich will aber nicht. Die Fußbodenfliesen sind nämlich so schaurig kalt. Leider muß ich. Der Papa ist heute unmöglich.

Vorsichtig lege ich mich auf den kalten Boden, da höre ich ihn schon wieder: »Also, wer hat den Ständer für den Baum unterm Sofa versteckt?«

Ach so, das geschmacklose grüne Ding war der Ständer für den alten Baum. Jetzt habe ich schon wieder was gelernt.

Ich liege da und spitze die Ohren. Vielleicht gibt's hier noch mehr zu lernen.

Aus den Zimmern der Kinder poltert es mächtig. Die hämmern auf irgendwas herum. Aber vor allem riecht es überall ganz unverschämt gut nach großem Vogel. Der Duft kommt aus der Küche. Gesehen habe ich den duftigen Vogel auch schon. Die Mama hat ihn reingetragen. Ein Riesending und ohne Federn.

Eigentlich ist das ungerecht, denke ich mir. Ich darf nämlich keine Vögel jagen und schnappen, nicht einmal einen kleinen. Das haben sie mir streng verboten. Wenn ich's doch tue, komme ich sofort an die Leine. Wirklich, ich habe das schon oft erlebt.

Aber die holen sich einfach einen. Ob die Mama höchstpersönlich hinter ihm hergerannt ist und ihn geschnappt hat? Das hätte ich ja zu gerne gesehen. Danach hätte ich die Mama zur Strafe an die Leine genommen. Und ganz kurz hätte ich die Leine gehalten, damit die Mama nicht gleich noch mal hinter einem Vogel herrennt.

Wumm! wird die Badezimmertür aufgestoßen. Ich springe gerade noch weg. Die sind heute so unvorsichtig, diese Tierquäler.

Der Kleinste rast ins Badezimmer. Er wäscht seine Hände. Ob er spielen mag? Ich stupse ihn mit der Schnauze ins Knie und renne ein paar Schritte weg. Meistens rennt er hinter mir her, wenn ich das tue. Heute murmelt er nur: »Keine Zeit. Ich muß noch was fertigmachen. Und dann will ich die Schuhe putzen.«

Er will die Schuhe putzen! Oh . . . der ist wahrscheinlich irre geworden. Schuheputzen . . . und das freiwillig. Er hat auch so einen seltsam roten Kopf und so ein komisches Glitzern in den Augen. Genau wie damals, als er krank war. Und da flitzt er schon wieder raus.

Ich renne hinter ihm her. Er verschwindet in seinem Zimmer, und im nächsten Augenblick schließt er es ab.

Was soll denn das? Hat er Angst vor irgendwas?

Jetzt kommt Susanne, die Zweitälteste, aus ihrem Zimmer. Es war auch abgeschlossen.

Was ist bloß mit den Kindern los? Sie brauchen wirklich keine Angst zu haben. Ich passe schon auf, daß sie nicht geklaut werden.

Ich muß unbedingt nachdenken, was das alles bedeuten soll.

Ein Baum im Zimmer?

In der Küche ein großer Vogel?

Gebäckduft?

Alle laufen aufgeregt hin und her und flüstern miteinander.

Sie schließen die Türen ab.

Der Kleinste putzt die Schuhe, freiwillig!

Da fällt mir noch ein, daß die Mama gestern das Haus geputzt hat.

Und der Papa hat lauter Päckchen aus dem Auto geholt.

Ach ja ... Mama war einkaufen. Und wie! Als würde morgen eine Hungersnot beginnen. Vielleicht gibt es ja auch keine Läden mehr. Wer weiß.

Noch etwas ist mir aufgefallen. Das Telefon klingelt dauernd. Die Großen rennen hin und sagen in den Apparat: »Wir wünschen euch besinnliche Tage.« Dann legen sie den Hörer auf und rasen wieder los, überhaupt nicht ruhig. Im Gegenteil. Wie aufgezogen. Oder als müßten sie immer ganz schnell aufs Klo.

Da liegt was in der Luft. Ich rieche das richtig. Jetzt bin ich fast ein dreiviertel Jahr alt, aber so eine Aufregung und so ein Durcheinander habe ich bei uns bisher wirklich nie erlebt. Ich kann mir einfach nicht erklären, warum das so hektisch zugeht.

## Ein sehr seltsamer Tag

Aus dem Wohnzimmer höre ich laute Stimmen. Der Papa und die Mama streiten. Das ist immer sehr interessant. Nichts wie hin.

Durch die geöffnete Zimmertür sehe ich sofort, daß sich die beiden um den Baum streiten. Will den jeder von ihnen haben? Dann sollen sie ihn doch gerecht teilen. Das empfehlen sie den Kindern auch, wenn die sich um irgendwas Schönes streiten.

Ne, es geht wohl doch um etwas anderes, denn der

Papa sagt aufgeregt: »Hierhin kommt er! Da war er auch im letzten Jahr!« Er zeigt vor den Fernsehapparat und schleppt den Baum zu der Stelle.

Komisch, sie hatten den Baum im letzten Jahr schon.

Die Mama widerspricht: »Nein, hierhin kommt er!« Energisch zeigt sie vor die Musiktruhe und schleppt das Nadelding dorthin. »Aua! Der piekt!« sagt sie auch noch.

Sie ziehen den Baum hin und her, der Papa und die Mama. Irgendwie sieht das fast so aus, als würden sich zwei meiner Kollegen um einen besonders guten Knochen zanken. Ob ich mich einmische?

Nicht mehr nötig. Endlich haben sie sich auf eine Stelle geeinigt. Der Baum kommt jetzt neben die Terrassentür.

Als nächstes zwängen sie ihn in das geschmacklose vierfüßige Ding. Ob er damit laufen kann? Hopp ... versuch's doch, Baum. Das würde gut aussehen.

Aber ne, er steht ganz ruhig und stur da. Bisher jedenfalls. Der Papa und die Mama wirken allerdings weniger ruhig. Sie sind sich nämlich wieder nicht einig. Und deswegen kommt plötzlich Bewegung in den Baum. Die Mama dreht ihn nämlich so, daß die Äste, die man bisher nicht gesehen hat, nach vorne zeigen. Jetzt sieht man sie gut. Dann geht sie ein Stück zurück und verkündet: »Genau so muß der Baum stehen!«

»Ne«, sagt der Papa. »Wenn er so steht, sieht man seine schönsten Äste gar nicht.« Und er dreht den Baum ein Stück zurück.

Diesmal ist die Mama nicht einverstanden. Ob das ein Spiel ist? Hin und her drehen sie den Baum, und sie sagen:

»So steht er gut.«

»Nein, auf keinen Fall. Aber so!«

»Oder doch lieber so?«

Bei der Dreherei werden ihre Köpfe rot und immer röter. Man kann sie fast mit diesen Giftpilzen im Wald verwechseln. Nur daß Papa und Mama keine weißen Punkte haben.

Hoffentlich verträgt der Baum die Dreherei. An seiner Stelle wäre mir schon längst schwindelig. Als der arme Kerl endlich genauso steht wie ganz am Anfang, verkünden sie beide: »Jetzt ist es richtig.«

Die Mama will in die Küche gehen. Da fällt ihr noch etwas ein. Sie fragt den Papa: »Wo hast du eigentlich die Kerzen?«

Wieso sucht sie Kerzen? Das elektrische Licht brennt doch. Wir haben keinen Stromausfall wie vor ein paar Wochen. Na ja, wahrscheinlich kommt er noch, der Stromausfall.

Nun sagt der Papa: »Die Kerzen wolltest du mitbringen.«

»Ne, du«, kommt von ihr zurück.

»Ich weiß genau, daß du gesagt hast, ich bringe rote Kerzen mit«, behauptet er.

»Das kann gar nicht sein«, meint sie, »ich will nämlich gelbe.«

Da rufen sie beide: »Klaus!« Das ist der Älteste. Und es passiert noch ein Wunder. Klaus kommt sofort, als sie nach ihm rufen. Sonst trödelt er sehr.

»Lauf bitte schnell zum Kiosk und kauf vier Kartons rote Kerzen«, sagt Papa.

»Ne . . . gelbe«, sagt Mama.

»Also gut, zwei Kartons rote und zwei Kartons gelbe«, entscheidet Klaus. Im nächsten Augenblick rennt er los. Mensch, der hat es eilig, und vier

Kartons Kerzen will er holen. Dann gibt es bestimmt lange keinen Strom.

Jetzt höre ich Mama, und sie klingt aufgeregt: »Es
ist schon viel zu spät. Wir müssen uns beeilen. Die
Verwandtschaft kommt in eineinhalb Stunden.«

Sie rast fast so schnell in die Küche, wie der Nach-
barhund rast, wenn er vor mir davonläuft.

Endlich verstehe ich was. Das wird heute eine
Familienversammlung. Stromausfall und Rudel-
treffen. Ganz klar.

Aber ne . . . dahinter steckt wahrscheinlich doch
mehr. Der Papa steht nämlich im Wohnzimmer und
sägt an den untersten Zweigen vom Baum herum.
Sowas tut er nie, wenn die Verwandtschaft anrückt.
Na ja klar, auf die Idee kann er sonst auch gar nicht
kommen, weil es normalerweise keine Bäume bei
uns im Wohnzimmer gibt.

Ob er Ast für Ast vom Baum absägt? Wahrscheinlich kriegt dann jeder Verwandte ein Stück Baum
in die Pfoten. Ne . . . Hände heißt das ja bei denen.
So wäre das grüne Ding portionsweise und gerecht
verteilt.

Aber warum zwängen sie den Baum vorher in einen

Ständer? Und warum streiten sie, wo er stehen soll, wenn sie ihn danach Ast für Ast verschenken wollen?

Oje, ist das heute alles schwierig.

So . . . der Papa hört mit der Sägerei auf. Die meisten Zweige hat er dem Baum gelassen. Nur die untersten fehlen. Jetzt kommt Susanne zu ihm und zeigt ihm etwas. »Ist schön geworden«, flüstert er, »sehr schön.«

In dem Augenblick öffnet Mama die Wohnzimmertür. Susanne versteckt das schöne Ding hinterm Rücken und drückt sich an Mama vorbei.

Aha, Geheimnisse haben sie voreinander. Aber sonst tun sie so, als würden sie sich alles erzählen. Da spiele ich nicht mit. Los! Und hinter Susanne her. Ich werde ihr das geheimnisvolle Ding abjagen und es der Mama bringen. Schließlich gibt sie mir immer das Futter. Mama soll auch mal was von mir kriegen.

Ich springe an Susanne hoch und habe es schon fast im Maul, das geheimnisvolle Päckchen. Da wird Susanne giftig und schimpft: »Laß das! Verschwinde!«

Sie stößt mich weg. So eine Gemeinheit. Ich gebe auf und suche mir ein Plätzchen zum Ausruhen und Nachdenken.

Unter den Elternbetten im Schlafzimmer würde ich es mir gerne bequem machen. Die Schlafzimmertür steht offen. Aber da sehe ich lauter Pakete unter den Betten.

Komisch. Das soll wohl die neue Abstellkammer werden? Ob ich sie öffne, die Pakete? Mal daran schnüffeln. Das erste riecht ja nicht besonders aufregend. Weiter hinten liegt eins, das viel spannender riecht.

Ich schiebe mich tief unter das Bett und ziehe das interessante Paket nach vorne. Dann zerre ich am Papier.

Hach . . . ich höre das richtig gerne, wenn Papier reißt. Bin nur gespannt, was da so toll und bunt eingepackt ist. Ich fetze daran herum. Leider stört mich jetzt die Mama. Sie kommt rein und jault entsetzt: »Flocki! Nicht! Laß das!«

Die gönnt mir auch gar nichts. Schade. Sie ist wohl neidisch, weil sie keine so guten Zähne hat, die Mama.

An der Haustür klingelt's. Mensch, heute ist wirklich was los bei uns. Aber Moment mal, so klingelt nur mein Lieblingsfeind. Der Mann vom Paketauto. Er treibt sich in den letzten Tagen überhaupt auffallend oft bei uns herum.

Dem werde ich es zeigen! Ich belle, so laut ich kann, und rase zur Wohnungstür. Mama rast hinter mir her. Die ist heute ausgesprochen flink. Prima Wettlauf. Macht Spaß. Und Mama holt mich erst an der Wohnungstür ein.

Ich belle mir die Lunge aus dem Hals, als Mama dem Mann die Tür öffnet. Oh, was der zu uns in die Wohnung schleppt. Hinter den Paketen erkenne ich ihn kaum, aber er ist es. Ich riech's deutlich.

Mama nimmt ihm die Pakete ab und bedankt sich. Ich belle noch mal sehr laut und schnappe nach ihm. Weg ist der Mann.

»Flocki, du Nervensäge!« schimpft Mama mit mir. Was hat sie denn? Die sind heute alle viel größere Nervensägen als ich.

Warum liefert der Postmensch zur Zeit eigentlich so viele Pakete bei uns ab?

Findet er keinen, dem er sie sonst geben könnte?

Ach . . . das ist schon wieder eine Sache, die ich nicht verstehe.

Wohin verkrieche ich mich jetzt? Unter den Betten ist ja leider alles besetzt. Vielleicht versuche ich es noch einmal unter dem Sofa im Wohnzimmer? Von dort habe ich eine gute Übersicht.

Schon liege ich da. Das ist ein gemütliches Plätzchen. Klaus kommt gerade mit den Kerzenkartons zurück. Außerdem ruft der Papa ganz erschreckt: »Schon so spät! Und der Baum ist immer noch nicht fertig!«

Ein neues Rätsel. Wieso ist der Baum immer noch nicht fertig? Was soll das heißen? Wächst er weiter? Das glaube ich nicht. Außerdem würde er dann zu groß für das Zimmer.

Prächtig und grün steht das alte Nadelding auf seinen vier Füßen. Da passiert schon wieder was Komisches. Sie lassen ihn nicht einfach so stehen, den Baum. Nein, sie hängen bunte Bälle daran. Seltsam, seltsam.

Der Papa und der Klaus gehen in die Küche. Ich muß mir die Bälle mal aus der Nähe ansehen. Durchsichtig sind die meisten. Ein paar sehen farbig aus, rot, gelb und blau. Solche Bälle habe ich vorher noch nie gesehen.

Wir spielen oft mit Bällen, die Kinder und ich. Die Dinger springen so schön, wenn man mit der Pfote kräftig draufhaut. Ob die am Baum das auch können? Ich haue mal gegen den roten Ball da vorne. Nur ein bißchen.

Ja . . . er pendelt und hüpft. Ich haue noch einmal dagegen. Diesmal stärker.

Auweia. Der platzt ja und fällt auseinander. Ein doofer Ball ist das. Aber wahrscheinlich stellt sich nur der rote so an. Jetzt probiere ich den kleinen gelben.

Leider ist der genauso doof. Liegt hier in tausend Stücken herum. Mit diesen Bällen will ich nichts mehr zu tun haben.

Ich verstecke mich wieder unter dem Sofa. Sollen der Klaus und der Papa doch alleine mit den Bällen spielen.

Da kommen sie schon. Und der Papa schimpft sofort los: »Wer hat die Kugeln zerbrochen?«

Ach, diese Bälle heißen Kugeln. Auch gut. Man kann ja nicht alles wissen. Ich bleibe jetzt wohl

besser ganz still liegen und tue so, als wäre ich gar nicht im Zimmer.

Der Papa beruhigt sich schnell wieder. Schließlich hat er noch mehr Kugeln. Und während er sie an die Zweige hängt, fragt Klaus: »Wann zünden wir den Baum an?«

Ne, das gibt es nicht! Baumanzünden in der Wohnung. Das dürfen sie nicht. Die machen heute nur Quatsch. Mit zwei Sätzen springe ich zum Baum. Ich stelle mich davor und knurre jeden an, der näher kommt.

Im Notfall werde ich auch beißen. Ich zeige ihnen schon mal meine Zähne, diesen Brandstiftern.

»Ich kann den Baum nicht schmücken, wenn mich der verrückte Kerl nicht ranläßt«, schimpft der Große.

Wer ist denn hier verrückt, hm? Erst den Baum schmücken und dann anzünden. Ich bin ganz verwirrt und verstehe gar nichts mehr. Sie sind ja sonst wirklich ziemlich normale, nette Leute. Aber heute ist irgendeine Schraube bei ihnen locker.

Eigentlich hat das schon vor ein paar Tagen angefangen. Auf einmal wurden sie alle sehr aufgeregt.

Dann sind sie nicht mehr zur Schule und zur Arbeit gegangen. Wahrscheinlich ist es irgendwas mit den Nerven. Etwas sehr Ansteckendes.

Glücklicherweise habe ich eine Idee. Zum Baumanzünden brauchen sie doch garantiert diese kleinen Hölzchen mit rotem Kopf, die sie aus einer Schachtel nehmen. Streichhölzer nennen sie die. Ich weiß genau, wo sie liegen. In der Küche, und zwar im offenen Schrank links neben der Tür.

Tja, das mit dem Baumanzünden fällt wohl aus, meine Herrschaften. So einen Blödsinn macht ihr nicht, wenn ich das nicht will.

Unauffällig pirsche ich in die Küche. Wirklich, da liegen die Streichhölzer ganz ordentlich, zwei Schachteln. Schon habe ich sie mir geschnappt.

# 3. Kapitel

## Ein sehr, sehr seltsamer Tag

Die Streichhölzer findet garantiert niemand mehr. Eine Schachtel habe ich sehr vorsichtig in der Erde vom Blumentopf-Gummibaum eingebuddelt. Danach habe ich die Erde wieder glattgestrichen. Es fällt überhaupt nicht auf, daß da was vergraben wurde.

Die zweite Schachtel liegt unter dem Teppich hinterm Sofa. Bis dorthin kommt kein Mensch, nicht mal mit dem Staubsauger. Das sieht man deutlich.

Da liegt nämlich jede Menge Staub. Naja, jetzt ist er wenigstens nicht mehr alleine, der Staub.

Am Baum wird hier jedenfalls nicht gezündelt. Leider läuft meine Familie immer noch sehr aufgeregt herum. Was tue ich bloß, damit sie etwas ruhiger werden? Ob ich dem Papa einen großen Knochen bringe? Mich beruhigt die Kauerei sehr. Jawohl! Papa soll den Knochen zum Knabbern haben, sogar meinen Lieblingsknochen. Ich hole ihn unterm Sofakissen vor. Da habe ich ihn versteckt. Hm, das Kissen riecht jetzt schon fast so gut wie mein Knochen.

Ich lege den Knochen neben den Baum, an dem der Papa immer mehr Kugeln aufhängt. So ein schöner Knochen, Papa. Guck!

Vorsicht! Du sollst gucken! Nicht noch mal stolpern, Großer. Schon passiert . . . und direkt über meinen Knochen. Der Papa schimpft sofort irgendwas von einem unmöglichen Köter.

Ich glaube, der meint mich. »Köter!« hat er gesagt. Hm . . . das überhöre ich doch glatt. Beleidigt greife ich mir den Knochen und verschwinde unter dem Sofa. Das Knabberding kriegt er nicht. Hat er gar nicht verdient.

Vielleicht sollte ich meine Familie rausschicken?
Frische Luft beruhigt.

Ich renne zur Wohnungstür und jaule. Dann wissen sie, ich muß gassi.

Dabei muß ich jetzt eigentlich gar nicht. Aber sie sollten rausgehen. Unbedingt sogar. Vor allem der Papa und die Mama.

Für die zwei ist das sowieso sehr wichtig, mit mir rauszugehen, fällt mir ein. Wenn wir draußen sind, bücken sie sich nämlich immer nach Stöckchen. Die werfen sie dann in der Gegend herum. Ich bringe sie ihnen sofort zurück, damit sie sich noch mal bücken können. Das ist gesund für sie. Gymnastik. Komisch, sie glauben, glaube ich, daß das Stöckchenholen wichtig für mich wäre. Na ja ... meinetwegen sollen sie das glauben.

Warum kommen sie denn nicht? Ich jaule noch mal vor der Wohnungstür.

Aus der Küche höre ich ein Geräusch. Und wen sehe ich da? Die Mama. Und was tut sie?

Sie schneidet sich so was Ähnliches wie Brot ab. Ganz dick. Stollen nennt sie es. Mit guter Butter, sagt sie immer dazu. Den Stollen futtert sie ziemlich gierig. Ich weiß genau, was jetzt kommt. Ich kenn' sie doch, die Mama.

Jawohl, sie säbelt sich noch so ein Stück »mit guter Butter« ab. Dann guckt sie an sich runter, Richtung Bauch, seufzt und sagt: »Das ist mein Verderben.« Ich habe in letzter Zeit oft gesehen, wie sie Stollen futtert und seufzt, daß das ihr Verderben ist. Immer wieder steigt die Mama danach auf die Waage und stöhnt.

Ich habe den Stollen auch mal probiert. Mein Geschmack ist er nicht. Die drei Kinder essen mal ein bißchen davon, aber Mama nascht am meisten. Papa sagt: »Sie teilt den Stollen genau. Die Hälfte für sich. Die andere Hälfte für den Rest der Familie.«

Sie mag wohl nicht, daß sie vom Naschen dicker wird. Das wird sie aber. Rundum. Ehrlich, ich find's ja schön. Für mich sieht sie rundlich irgendwie ... hm ... schmackhafter aus. Nach guter Butter und nicht so sehr nach dünnem Knochen. Genau.

Sie selbst gefällt sich zur Zeit leider nicht, wenn sie sich im großen Spiegel ansieht.

Also . . . wenn ich zu viel futtere, nimmt die Mama mir immer das Futter weg. Ob ich das mit ihr auch mal mache? An der Haustür wird's sowieso langweilig. Die übersehen und überhören mich heute. Gassigehen fällt aus.

Gut, ich marschiere in die Küche. Die Mama guckt verträumt vor sich hin. In der Hand hält sie ein Stück von dem guten Butterding. Heimlich nehme ich das große Stück Stollen zwischen die Zähne und vom Tisch. Wohin damit? Ganz einfach, es paßt prima unter die Elternbetten hinter die Pakete.

Die Mama freut sich bestimmt, daß sie nicht mehr seufzen muß. Mutterschutz war das. Im Augenblick seufzt Mama auch nicht. Sie sagt zu den Kindern: »Zieht euch um! Und der Hund muß gekämmt werden.« Bloß nicht. Das sollen sie schnell vergessen. Die Kämmerei ziept nämlich.

Moment mal, ich glaube, daß ich was verstanden habe. Sie ziehen sich manchmal um, wenn sie weggehen. Wahrscheinlich gehen sie also weg . . . sozusagen gassi. Und ich darf mit, denn ich soll ja noch gekämmt werden.

Aber die Verwandtschaft kommt hierher, das ganze

Familienrudel. Jetzt dämmert's mir. Klar . . . weil die Verwandtschaft kommt, geht meine Familie. Sonst wäre hier nicht genug Platz für die anderen. Nur, was soll der Baum? Wahrscheinlich kommt er auch mit. Vielleicht hat man meine Straßenbäume draußen abgehackt. Das wäre dann der Ersatzbaum, und sie schmücken ihn, damit er schön aussieht.

Aber warum wollen sie ihn anzünden? Keine Ahnung. Man kann die Menschen eben nicht ganz verstehen, tröste ich mich.

Ich ziehe zur Küchentür um. Herrlich duftet es dort. Vor allem der große Vogel riecht . . . hm . . . wunderbar. Dazu kommt noch ein Geruch. Irgendeine besonders gute Wurst muß das sein.

Wo steckt die Mama? Ach . . . ich höre sie im Badezimmer. Daß der Stollen verschwunden ist, hat sie noch gar nicht bemerkt.

Die Küchentür und die Speisekammertür sind beide weit offen. Sehr nett. Also schwupp, auf leisen Sohlen in die Küche und zur Speisekammer geschlichen.

Da steh' ich vor einer unglaublich prachtvollen

Wurst. Ein Duft . . . zum Verlieben. Zum Auffressen herrlich. Das halte ich nicht aus. Die hole ich mir.

Schon geschehen. Und jetzt husche ich unauffällig mit der Wurst im Maul über den Flur und suche uns ein gemütliches Plätzchen, meiner duftigen Wurst und mir.

Keiner hat uns gesehen. Unter dem Wohnzimmersofa liege ich sehr gemütlich, die Wurst zwischen den Pfoten. Der Große hängt Sachen an den Baum, den er nachher anzünden möchte. Die Mama weiß das bestimmt und verbietet es ihm trotzdem nicht. Im Gegenteil, sie kommt rein und lobt ihn dafür, wie schön das alles aussieht. Verstehe ich nicht, aber die Wurst schmeckt. Na ja . . . und das mit der Anzünderei kann er sowieso vergessen.

Jetzt klopfen die Kinder an die Tür und fragen: »Wie lange dauert's denn noch?«

»Na . . . eine halbe Stunde«, antwortet die Mama. Warum klopfen die Kinder plötzlich? Das tun sie sonst nicht. Egal . . . noch ein Happen, und die Wurst ist aufgefuttert. Leider. Lecker war's.

Ich verziehe mich an die frische Luft. Das ist gut

nach dem Essen. Und vielleicht vergessen sie in der Zwischenzeit, daß sie mich eigentlich kämmen und bürsten wollen. Diese Tierquäler.

»Wo kommst du denn her?« fragt der Papa, als ich unter dem Sofa vorkrieche. Dumme Frage. Er sieht doch, wo ich herkomme.

Ich verschwinde in Richtung Haustür. Und der Papa macht die Wohnzimmertür hinter mir zu. Im Flur flüstern die Kinder miteinander. Der Kleinste schleicht gerade zur Wohnzimmertür und guckt durchs Schlüsselloch.

He . . . das gefällt mir gar nicht. Ich muß das Weggehen wohl verschieben. Jetzt renne ich zum Kleinsten am Schlüsselloch und belle.

»Psst«, machen die Kinder. Ich bin aber erst ruhig, als sie alle drei im Zimmer von Klaus verschwinden. Da liegen noch mehr Päckchen. Und was tun die Kinder denn nun wieder Fürchterliches?

Sie stellen sich nebeneinander. Ziehen jeder ein ganz ernstes Gesicht. Dann machen sie die Münder auf und geben ziemlich gräßliche Töne von sich.

Ich jaule entsetzt und will flüchten. Leider ist die Tür zu. »Stör uns nicht«, sagt Susanne. »Wir üben.«

Die Überei klingt katastrophal und sehr unverständlich. Nach schlimmstem Jaulen. Irgendwas mit »Stille Nacht« kommt darin vor.

Wenn die Kinder nur still wären! Aber im Gegenteil. Sie werden immer lauter. Da hilft nur eines. Ich muß noch lauter jaulen. So höre ich sie wenigstens nicht mehr. Hoffentlich schaffe ich das.

Ich strenge mich wirklich riesig an. Jaule, so laut ich kann. Und sie jaulen auch.

Moment mal, jetzt klingt's etwas besser. Ich jaule ein wenig leiser und ähnlicher als sie. Und dann jaulen wir zusammen das von der »Stillen Nacht«.

Gut klingt das, finden sie. Na ja. Ich meine mehr, daß es nicht mehr völlig unerträglich klingt.

Susanne schlägt vor: »Der Flocki muß nachher mitsingen! Er kann das prima.«

Aha, das ist also singen. Endlich lobt mich heute mal jemand. Sie sind ganz begeistert. »Ein schöner gemischter Chor mit Hund«, sagt Klaus.

Nun meinen sie, daß wir genug geübt haben. Na gut. Sie lassen mich aus dem Kinderzimmer. Ich renne zur Haustür und belle. Der Kleinste ruft: »Flocki muß gassi!« Er macht mir die Tür auf. Nett von ihm. Von meiner Familie will wohl keiner mit raus, obwohl sie es nötig hätten.

»Der Hund ist nicht gekämmt!« ruft Susanne hinter mir her. Erst üben wir miteinander. Dann so eine Gemeinheit. »Alte Petze!« knurre ich. Leider versteht sie mich nicht.

## Die seltsamen Männer

Schön ist es draußen. Aus den meisten Häusern scheint ein anderes Licht als sonst. Da hat der Stromausfall wohl schon angefangen.

Ich gehe ein Stück die Straße runter. Die Bäume stehen noch alle, sehr beruhigend. Ich will gerade mein Bein an einem heben, da kommt mir ein Mann entgegen. Den habe ich hier bisher nie gesehen.

Auf dem Kopf trägt er eine rote Mütze, der Mann. Und er trägt einen roten Mantel. Ein dicker, langer

Rauschebart verdeckt sein Gesicht. Auf dem Rükken schleppt er einen Sack. Was er da drin hat? Ich finde den Mann sehr verdächtig und gehe hinter ihm her.

Der seltsame Kerl will zu uns, merke ich. Das kommt nicht in Frage. Schließlich bin ich hier der Wachhund.

Ich renne zu unserer Haustür und stelle mich davor. Keinen Schritt weiter, heißt das. Sonst beiße ich!

Zur Warnung knurre ich. Aber der Mann geht noch einen Schritt weiter auf mich zu. Der kann wohl nicht hören.

»Ruhig«, sagt er. Der hat mir gar nichts zu sagen. Was bildet sich der komische Kerl eigentlich ein? Der ist ja schlimmer als der mit den Paketen.

Jetzt faßt er den Türgriff an. Und ich fasse zu. Kräftig zwicke ich ihn ins Hosenbein. Da jault er auf. Den Türgriff läßt er los und rennt den Gehsteig hinunter. Ein Stückchen renn' ich hinter ihm her, spring' an ihm hoch und belle.

Den habe ich verscheucht. Das hat Spaß gemacht. Wehe, der läßt sich noch mal blicken.

Meine Familie würde sich bestimmt freuen, wenn sie wüßte, was sie für einen tüchtigen Aufpasser hat. Ohne meine Erlaubnis kommt bei uns keiner rein!

Vor lauter Aufregung habe ich etwas Merkwürdiges übersehen. Durch die Luft fliegt ziemlich viel weißes Zeug. Sehr leicht ist es. Wenn ich reinbeiße, schmeckt es nach gar nichts. Leider. Außerdem bleibt es überall liegen. Immer mehr kommt von oben aus dem Dunkel.

Was ist denn jetzt in der Seitenstraße los? . . . Oh . . . da sehe ich ihn ja schon wieder, den Mann mit Rauschebart. Dem muß ich wohl zum zweitenmal klarmachen, daß er hier nichts zu suchen hat. Ich rase durch das Weiße in der Luft auf ihn zu und stoppe kurz vor ihm. Ne . . . das ist er gar nicht. Er sieht zwar genauso aus. Aber er riecht anders. Trotzdem knurre ich ihn gefährlich an. Zeige ihm mein Gebiß. »Ja, ja«, sagt er. »Ich gehe schon.« Sein Glück. Ich wundere mich nur, daß es von der Sorte mehrere gibt. Wahrscheinlich ist das eine ganze Bande.

Jetzt renne ich zurück. Von weitem sehe ich, daß

die Verwandtschaft bei uns zu Hause auftaucht. Opas, Omas, Onkel und Tanten. Das Familienrudel ist also vollzählig. Und alle freuen sich über das weiße Zeug in der Luft und auf dem Boden.

Zusammen gehen wir ins Haus. Aber es fehlt wohl noch jemand, denn jeden Augenblick rennt eines der Kinder zur Haustür, reißt sie auf, guckt raus und fragt: »Wann ist er denn endlich da, der . . .?« Dann sagen sie so ein komisches Wort, das ich nicht richtig verstehe. Ich habe es vorher noch nie gehört. Es klingt nach Nacht und Mann, mit irgendwas davor. Ob das auch einer von der Verwandtschaft ist?

Wann dieser Mann da sein wird, weiß ich nicht. Aber auf keinen Fall kommt einer von denen mit rotem Mantel, Bart im Gesicht und Sack auf dem Rücken. Die habe ich verscheucht. Und wenn sich die noch mal blicken lassen sollten, ist was los.

Die Mama fragt: »Wo steckt die Extrawurst für Flocki?« Ach so . . . das war meine Wurst, die ich vorhin gefressen habe. Die steckt in meinem Bauch. Da steckt sie ganz prima. »Ich finde sie nicht«, höre ich Mama aus der Küche. »Aber für alle Fälle habe ich eine zweite Wurst. Die legen wir ihm unter den Baum.«

Sehr gut. Ich mag die Mama ausgesprochen gern. Jetzt tut es mir fast leid, daß ich ihr den Stollen weggenommen habe. Na ja, so schlimm ist das wohl nicht. Bisher hat sie's nicht mal gemerkt. Komisch finde ich nur, daß sie meine Wurst unter den Baum legen will. Normalerweise kommt mein Futter in den Napf. Aber mir soll es egal sein.

Plötzlich höre ich ein Pochen an der Terrassentür im Wohnzimmer. Nichts wie hin und vorbei am Baum!

Und wen sehe ich da? Einen von der Bande mit Rauschebart. Der Papa springt sofort auf. Ich aber auch. Er öffnet die Terrassentür, und ich öffne mein Maul. Laut bellend stürze ich mich auf diesen seltsamen Kerl.

»Flocki!« rufen sie alle. »Nicht!«

Warum denn nicht? Die sind gemein. Ich soll wohl gar keinen Spaß haben. Der Kerl ist doch verdächtig. Das finden sie aber nicht. Freundlich lächeln sie ihn an.

»Endlich!« sagt die Mama, und der Komische mit

Rauschebart sagt: »Ich wär' früher gekommen und nicht durch die Terrassentür. Aber der hat mich verjagt.«

Er zeigt auf mich, und ich kläffe stolz. Sie sollen ruhig merken, wie tüchtig ich bin.

»Flocki«, erklärt Susanne, »das ist der . . .« Wieder höre ich dieses seltsame Wort mit Nacht und Mann und irgendwas davor, das ich noch nie gehört habe. Danach sagt der Papa: »Jetzt zünden wir den Baum an.« Ich jaule und tue sehr entsetzt. Aber eigentlich nur so, aus Spaß. Ich weiß ja, daß das mit der Baumanzünderei nicht klappen wird.

Meine Familie weiß es allerdings noch nicht. »Ruhig, Flocki«, sagt Mama. Und dann meint sie: »Den Flocki verwirrt der Rummel heute sehr.«

»Kann man wohl sagen«, knurre ich. Aber mich versteht ja doch niemand. Jetzt beachtet mich auch keiner mehr. Alle drängeln ins Wohnzimmer.

Ich muß heute gut aufpassen. Sonst geht noch mehr schief. Es ist schon ein seltsamer Tag.
Wirklich.

# Leicht zu lesen     Kunterbunt

Achim Bröger
**Mein 24. Dezember**

Flocki, der kleine Hund, erlebt
zum ersten Mal den 24. Dezember. Und er kommt aus dem
Staunen nicht heraus: Der Papa
stellt einen Baum mitten ins
Wohnzimmer – ist der für Flocki,
damit er zum Gassigehen nicht
auf die Straße muß? Und dann
taucht auch noch so ein eigen-
artiger Mann mit Bart und roter
Mütze auf...
64 S. Geb. Zahlr. farbige Illustrationen von Gisela Kalow. Ab 8

Achim Bröger
**Flockis erste Reise**

Flocki ist wieder da! Und auch
diesmal hat er aus seiner speziel-
len Hundesicht seltsame Dinge
von den Menschen zu berichten.
Seine Familie rennt nämlich
neuerdings aufgescheucht
durchs Haus und packt Dinge in
große Schachteln mit Henkel.
64 S. Geb. Zahlr. farbige Illustrationen von Gisela Kalow. Ab 8

Arena